Inhalt

Drahtlose Kommunikation - Near Field Communication ist reif für die breite Marktdurchdringung

Kernthesen

Beitrag

Fallbeispiele

Weiterführende Literatur

Impressum

Drahtlose Kommunikation - Near Field Communication ist reif für die breite Marktdurchdringung

M. Westphal

Kernthesen

- Near Field Communication ist eine drahtlose Übertragungstechnik für kurze Strecken, die vor fünf Jahren entwickelt wurde.
- Inzwischen ist diese Technologie in zahlreichen weltweiten Feldtests gereift.
- Es gibt viele sinnvolle Anwendungsszenarien für diese neue

Technologie und inzwischen auch viele interessierte Unternehmen und Branchen, die sie einführen möchten.
- Erste praktische Anwendungen sind gerade gestartet worden bzw. stehen kurz vor der Einführung.

Beitrag

Near Field Communication ist eine drahtlose Übertragungstechnik für sehr kurze Strecken, für die es inzwischen sehr viele praktische Anwendungsfälle gibt wie auch interessierte Unternehmen und Branchen, die diese Technologie in der Praxis nutzen möchten.

Für Near Field Communication bahnt sich eine breite Marktdurchdringung an

Philips hat zusammen mit Sony 2002 in Österreich die Near Field Communication-Technologie (NFC) entwickelt. Dieser Kommunikationsstandard ermöglicht einfache und schnelle Kommunikation zwischen elektronischen Geräten auf kurze Entfernungen von bis zu zwei Zentimetern. Diese

Technologie wurde bereits in weltweit 40 Feldversuchen getestet. Damit ist NFC neben Bluetooth, ZigBee und UWB ein weiterer Standard für kontaktlose Kommunikation zwischen Endgeräten auf kurze Entfernungen. Inzwischen hat sich in der deutschen Industrie der Nutzen von NFC herumgesprochen, so dass es viele interessierte Unternehmen wie auch interessante Anwendungsfälle für NFC gibt. (4), (10)

Kreditkartenunternehmen sind wesentliche Treiber bei der Einführung von Near Field Communication

Das Kreditkartenunternehmen Mastercard hat eine Technologie entwickelt, die den Bezahlvorgang schneller macht, da er kontaktlos erfolgen kann. Die Paypass genannte Technologie erlaubt über die Drahtlostechnologie NFC das berührungslose Bezahlen, ohne, dass die Karte in einen Bezahlschlitz eingeführt werden muss. Außerdem ist für die zulässigen Käufe bis 25 Euro auch keine Geheimnummer notwendig. Mastercard geht davon aus, dass diese Technologie die Wartezeit an Kassen um etwa 40 Prozent senken kann. Auch in

Deutschland soll diese Technologie im Jahre 2008 eingeführt werden. Auch das Kreditkartenunternehmen Visa hat mit Paywave eine ähnliche Technologie auf dem Markt. (7)

Viele Unternehmen in Deutschland sehnen sich nach einer Vereinfachung der Bezahlvorgänge

Betreiber von öffentlichen Verkehrsmitteln wie aber auch Handelsunternehmen und Finanzdienstleister suchen schon seit langem nach einer einfachen Lösung, bargeldlose Bezahlvorgänge zu vereinfachen und zu beschleunigen. NFC bietet die Möglichkeit, ohne weitere Identifizierungen, Zahlungsvorgänge berührungslos durchzuführen. Tickets für den öffentlichen Nahverkehr, Parkgebühren, Snacks aus Automaten oder Lotto-Scheine erscheinen hierbei als prädestinierte Anwendungsfälle. (9)
Der Handel bremst aber derzeit aufgrund der zu erwartenden hohen Investitionen in komplett neue NFC-fähige Terminals. Die Kreditwirtschaft blockiert die Entwicklung noch, da sie aufgrund der fehlenden Verifikation mittels Unterschrift oder PIN-Nummer Probleme mit ihrer Zahlungsgarantie hat. (7)

Endgeräte, die NFC-Technologie "verstehen" sind noch rar

Bisher mangelt es vor allem an entsprechenden mobilen Endgeräten. Nur Nokia hat mit seinem Modell 6131 ein Gerät auf den Markt gebracht, welches über NFC-Funktionalität verfügt. Es wird für etwa 290 Euro inkl. Mehrwertsteuer angeboten. Aber auch Motorola und Samsung wollen schnellstmöglich entsprechende Handys auf den Markt bringen. (9), (11)

Nicht nur Handel und Finanzdienstleister sind an NFC interessiert, sondern auch Mobilfunkunternehmen

Auch Mobilfunkanbieter sind sehr interessiert an diesen neuen Applikationen, da sie neue Möglichkeiten für die Generierung von Einkommen schaffen. Die GSM Association hat daher die Pay-Buy-Mobile Association ins Leben gerufen und führt bereits Praxistests in Frankreich, der Türkei, Singapur und Australien durch. (7)

Bei Bahnunternehmen gibt es bisher die meisten NFC-Szenarien

Der NFC-Funkchip in einem Handy ist etwa fingernagelgroß und schwingt mit einer Frequenz von 13,56 Megahertz. Die "Touchpoints" an den Entwertern von Bahntickets sind mit einem identischen Chip ausgerüstet und die entstehende elektrische Spannung löst einen etwa eine Sekunde dauernden Prozess aus, während dem die entsprechende Fahrkarte erstellt wird. Gleichzeitig wird eine Verbindung zum Internet-Portal des Netzbetreibers aufgebaut, um den Fakturierungsprozess zu ermöglichen. Sondertarife und andere Vergünstigungen werden sofort berücksichtigt. Kontrolliert werden die Tickets mit speziellen Lesegeräten. Mit diesen kann der Kontrolleur überprüfen, ob im Handy ein gültiges Ticket gespeichert ist. (13)

Auch im Marketing gibt es

interessante Anwendungsfälle für NFC

NFC bietet sich in Verbindung mit RFID auch für Kundenberatung außerhalb der Öffnungszeiten an. So wird durch die Kopplung der beiden Technologien ein Transfer von Daten ermöglicht, ohne, dass eine Berührung stattfinden muss. Auf Endgeräte wie zum Beispiel Mobiltelefone können dann aktuelle Angebote wie auch Werbebotschaften und Serviceleistungen oder Gutscheine übertragen werden. Der Vorteil von RFID ist, dass keine komplizierten Verbindungsprozeduren nötig sind. So genügt einzig das Betreten der Funkzone für den Verbindungsaufbau. Mit entsprechenden NFC-fähigen Endgeräten kann das Handy dann drahtlos Daten übertragen, die später am Handy oder auch PC betrachtet werden können. Der Vorteil an den NFC-Verbindungen ist, dass keine personenbezogenen Angaben gesammelt werden. Außerdem erfolgt der Datenaustausch über NFC erst nach Aktivierung des Endgeräts durch den Nutzer. (2)

Offen ist bisher auch die Frage der Vergütung des NFC-Service

Neben den rein technologischen Anforderungen ist auch die "Bezahlung" des Services noch in der Analyse. So sind revenue-share-Modelle denkbar:
- Prozentuale Provision der Zahlbeträge an die Carrier.
- Einmalige "One-time-Fee" für den Abschluss eines Nutzer-Kontos an die Carrier.
- Bilaterale Programme zwischen Carrier und herausgebendem Institut mit gemeinsamen Marketing-Aktivitäten (auch Loyalty-Programme sind hierbei denkbar). (12)

Fallbeispiele

Das IT-Unternehmen **Cherry** hat sich dem NFC Forum angeschlossen. Dem Forum gehören schon Unternehmen wie HP, Nokia, Panasonic, Microsoft, Mastercard und Visa an. Ziel dieses Zusammenschlusses ist die Stärkung dieser Technologie sowie die Entwicklung entsprechender Endgeräte. Für Cherry ist der Beitritt insbesondere interessant für seine Chipkarten-Lesegeräte, die von Cherry heute in Spezialtastaturen eingebaut werden. Diese Tastaturen werden vor allem im Gesundheitswesen, Security wie auch am Point of

Sale genutzt. (1)

Das Einzelhandelsunternehmen **Auchan** will im Jahre 2009 in Frankreich den landesweiten Roll-Out von kontaktlosem Bezahlen mittels EC-Karten, Kreditkarten und Handy als weiteres Zahlungsmittel für den POS durchgeführt haben. Schon seit dem November 2007 kann in einem SB-Warenhaus in Lille kontaktlos bezahlt werden. Auchan plant bis Mitte 2008 schon 150 000 Kundenkarten mit entsprechenden NFC-Chips ausgegeben zu haben. Dabei kooperiert Auchan mit Mastercard und seinem System Paypass. (6), (7)

Der **Rhein-Main-Verkehrsverbund (RMV)** will bis zum Jahresende 2007 jede Frankfurter Haltestelle mit einem Funkchip ausgestattet haben. Damit soll der bargeldlose Erwerb eines Fahrscheins möglich sein. Die flächendeckende Einführung kostet den RMV etwa 150 000 Euro. Der Kunde muss keine Einstiegsstationen mehr eingeben, sondern er hält einfach sein Handy vor den Chip an der Einstiegshaltestelle und nach drei kurzen Tastendrucks ist der Fahrschein geladen. Der Rhein-Main-Verkehrsverbund sieht sich damit deutschlandweit vorn.Diese Technik ist drei Monate lang von 300 Fahrgästen ausgetestet worden. Dabei waren 53 Funkchips an Frankfurter Haltestellen installiert. Die Resonanz war sehr positiv. (9)

In **Wien** war es bisher schon möglich, via SMS-Ticketing verschiedene Tickets mit dem Versenden einer SMS mit erforderlichen Angaben zu senden. Anschließend wurde dem Nutzer dann das Ticket wiederum via SMS bestätigt. Allerdings war dieser Service bisher auf Zeitfahrkarten beschränkt, da der Abfahrtsort nicht angegeben werden konnte. Seit September 2007 bieten die ÖBB und die Nahverkehrsmittel in Wien nun aber den weltweit bisher größten kommerziellen NFC-basierten Service an. Alle Wiener U-Bahnstationen wie auch 121 andere Stationen im Wiener Verkehrsverbund bieten nun an, das Ticket bargeld- und kontaktlos an einem NFC-Touchpoint zu erwerben. In einem nächsten Schritt werden die NFC-Funktionalitäten auf der SIM-Card installiert. (10)

In **London** ist Anfang Dezember ein Feldversuch gestartet worden, der es den 500 Testpersonen erlaubt, ihr Handy zum kontaktlosen Bezahlen von U-Bahnfahrten wie auch kleinen Einkäufen zu nutzen. Damit wird das Handy mittels der NFC-Technologie zum digitalen Portemonnaie. Beteiligt sind die Unternehmen Nokia, O2, Visa und das Finanzunternehmen Barclays. Die erste Phase des Piloten erlaubt den Beteiligten zunächst nur die Bezahlung von Beträgen bis zu 14 Euro. Aber schon zur zweiten Phase, die im Februar 2008 beginnen soll werden dann mittels der Nutzung einer PIN-Nummer auch höhere Beträge möglich. Es soll immerhin bereits 1 000 Geschäfte wie auch Gastronomieunternehmen geben, die das kontaktlose Bezahlen mittels Visa Paywave akzeptieren. (3)

Das Unternehmen **NXP Semiconductors**, welches aus der Halbleitersparte von Philips hervorgegangen ist, hat mit dem Elektronikkonzern Sony ein Joint Venture gestartet, welches unter dem Namen Moversa firmiert. Das Unternehmen hat sich zum Ziel gesetzt, NFC-Applikationen zum berührungslosen Bezahlen mit Handys zu fördern. Das Handy soll als Kreditkarte genutzt werden können wie auch für bargeldlose Online-Einkäufe oder als elektronisches Ticket im Nahverkehr. Moversa kommt hierbei die Aufgabe zu, einen speziellen Sicherheits-Chip zu entwickeln und zu vermarkten, der die gängigen Smartcard-Formate Mifare und Felica unterstützt. Damit wird der internationale Einsatz dieses Chips über die verschiedenen Kontaktlos-Techniken möglich. Schon Mitte 2008 sollen erste Muster dieses Chips zur Verfügung stehen. (4)

Visa

führt derzeit in drei Ländern Feldversuche zum

elektronischen Bezahlen mittels Mobiltelefonen durch. Das Unternehmen kooperiert dabei in Kanada mit der Royal Bank of Canada, in Malaysia mit der Maybank Group, Nokia und dem Malaysischen Telekommunikationsunternehmen Maxis Communications. In Brasilien kooperiert Visa mit der Bank Companhia Brasileira de Meios. Visa will in Ontario, Kanada, in 2008 mit NFC ausgestattete Mobiltelefone als mögliche Zahlungsmittel testen. Schon im Oktober 2007 ist in Malaysia der Test mit NFC-Applikationen, die aus dem Internet heruntergeladen werden können, gestartet. In Brasilien wird noch in 2008 damit begonnen, die Nutzung von Mobiltelefonen als Zahlungsmittel zu analysieren. (5)

Ab Januar bietet **Lufthansa** seine Miles&More Credit Card in einer Version mit kontaktloser Bezahlmöglichkeit an. Damit wird diese die erste Kreditkarte in Deutschland mit diesem Feature sein. Ausgestattet wird sie mit der NFC-Technik Paypass von Mastercard. Erlaubt sind Transaktionen bis zu einem Betrag von 25 Euro. (8)

Auch die **Deutsche Bahn** will Anfang 2008 ein erstes Pilotprojekt entlang der Strecke Berlin - Hannover starten. Die Deutsche Bahn nennt ihren Service Touch&Travel und hat ihn zusammen mit dem Mobilfunker Vodafone entwickelt. Dieser Pilot soll sechs Monate dauern. Er unterscheidet sich von anderen Projekten für Tickets im Nah- und Fernverkehr dadurch, dass weder Start- noch Zielpunkt eingegeben werden müssen. Der Kunde loggt sich am Startpunkt ein und dann am Zielpunkt einfach wieder aus. Die Log-Daten ermitteln dann die gefahrene Strecke und leiten den Bezahlprozess ein. (11)

Weiterführende Literatur

(1) Cherry macht bei NFC mit
aus IT Business, Heft 24/2007, S. 68

(2) Bremer IT-Haus demonstriert vor Ort Retail-Marketing-System mit E-Plakat und RFID-fähigem Mobiltelefon Nahfeldkommunikation im Sparkassenumfeld
aus Die SparkassenZeitung, 07.12.2007, Nr. 49, S. B16

(3) Londoner zahlen mit Mobiltelefon
aus Lebensmittel Zeitung 49 vom 07.12.2007 Seite 026

(4) Sony und NXP entwickeln gemeinsam Neue Bezahltechniken fürs Handy in Arbeit
aus HANDELSBLATT online 15.11.2007 11:00:00

(5) Security Watch
aus American Banker, 14.11.2007, Vol. 172, No. 219, p. 6

(6) Chip als neue Währung

aus Lebensmittel Zeitung 47 vom 23.11.2007 Seite 001

(7) Kontaktloses Bezahlen lockt Handel
aus Lebensmittel Zeitung 47 vom 23.11.2007 Seite 018

(8) Lufthansa startet kontaktlose Kreditkarte
aus Lebensmittel Zeitung 48 vom 30.11.2007 Seite 018

(9) Brötchen mit dem Handy zahlen Von Dezember an soll die neue Technik nicht nur den Kauf von RMV-Tickets erleichtern
aus Frankfurter Rundschau v. 25.10.2007, S.31, Ausgabe: S Stadt

(10) Einfacher als SMS-Ticketing
aus "it&t-business" Nr. 10/07 vom 01.10.2007 Seite: 48

(11) Das Handy als Billettschalter und Portemonnaie
aus Neue Zürcher Zeitung 25.09.2007, Nr. 222, S. 65

(12) Changing the Contactless Adoption Focus
aus American Banker, 18.09.2007, Vol. 172, No. 180, p. 14A

(13) Das Telefon-Ticket
aus Süddeutsche Zeitung, 05.09.2007, Ausgabe Deutschland, Bayern, München, S. 18

(14) Technology News. growth of mobile payment services and smart cards
aus Credit Union Journal, United States (CREDUNIJ), 11 (2007) 37 page 21

Impressum

Drahtlose Kommunikation - Near Field Communication ist reif für die breite Marktdurchdringung

Bibliografische Information der deutschen Nationalbibliothek

Die Deutsche Nationalbibliothek verzeichnet diese Publikation in der deutschen Nationalbibliografie; detaillierte bibliografische Daten sind im Internet über http://dnb.d-nb.de abrufbar.

ISBN: 978-3-7379-0336-3

© 2015 GBI-Genios Deutsche Wirtschaftsdatenbank GmbH, Freischützstraße 96, 81927 München, www.genios.de

Alle Rechte vorbehalten. Dieses Werk ist einschließlich aller seiner Teile – z.B. Texte, Tabellen und Grafiken - urheberrechtlich geschützt. Jede Verwertung außerhalb der Grenzen des Urheberrechtsgesetzes bedarf der vorherigen Zustimmung des Verlags. Dies gilt insbesondere auch für auszugsweise Nachdrucke, fotomechanische

Vervielfältigungen (Fotokopie/Mikroskopie), Übersetzungen, Auswertungen durch Datenbanken oder ähnliche Einrichtungen und die Einspeicherung und Verarbeitung in elektronischen Systemen.